## Nachhaltigkeit weitergedacht:

Dieses Bilderbuch ist **ungiftig** und für den **biologischen Kreislauf** optimiert. Dank **Cradle to Cradle-Zertifizierung** können wir garantieren, dass sich nur gesundheitsfreundliche Inhaltsstoffe in unseren Büchern befinden. Sie hinterlassen keine giftigen Abfälle und sind **perfekt für kleine Kinderhände**.
Dies ist die nachhaltigste Art Bücher zu produzieren.

### Mit ♥ für Kinder und Natur.

Du möchtest mehr über Cradle to Cradle erfahren?
Dann besuche uns auf **neunmalklug-verlag.de/c2c**

1. Auflage, 2023
ISBN: 978-3-945677-22-3

© 2023 neunmalklug verlag
Ölgasse 13
77933 Lahr
www.neunmalklug-verlag.de

Alle Rechte vorbehalten.

Lektorat: Sarah Roller & Julia Chin
Produktion: Charlotte Stiefel
Satz & Layout: Katharina Michalewicz & Miriam Goretzki

Druck: Druckerei lokay e.K.
Gedruckt in Deutschland

# Marti vom Mars

Idee und Text: **Marion Klara Mazzaglia**

Illustrationen: **Bärbel Stangenberg**

neunmalklug

Wir zählen das Jahr 3022. Vor vielen hundert Jahren flogen Menschen mit mehreren Raketen zum Mars, einem Nachbarplaneten unserer Erde. Er besteht aus roten Sandwüsten, Hügeln und Vulkanen. Stell dir vor: Unter der Sandlandschaft befinden sich sogar große Eiswasserseen und gefrorene Berge!

Die Erdbewohner hatten alles dabei, was sie für ein Leben auf dem fremden Planeten brauchten.
Warum sie eine neue Heimat suchten? Das Klima auf der Erde erwärmte sich stark und es fehlten Nahrung und Wasser. Die Marsianer bauten Häuser und begannen auf dem roten Planeten zu arbeiten.

Hier lebt Marti. Er ist der neunmalklügste Junge auf dem ganzen Mars. Das sagt zumindest seine Mama, **Miss** Bata, immer. Manchmal findet er die Kleidung im Haus furchtbar ungemütlich und er fühlt sich total eingeengt. Heute ist wieder einmal so ein blöder Tag.
„Mega nervig!", schimpft er laut vor sich hin. Seine Mutter kommt gerade von der Arbeit nach Hause und hört ihn.
„Hallo Marti, ich nähe dir aus den alten Hosen und Oberteilen neue Kleidung, die etwas größer ist! Sobald ich Zeit finde, mache ich das", verspricht sie.
Aber das muntert Marti überhaupt nicht auf, denn es löst sein Problem nicht, das er jetzt gerade hat.
„Wäre ich doch bloß auf der Erde!", schimpft er weiter und stampft ein Bein in den Boden. Denn er hat mal gehört, dass auf diesem Planeten alles anders ist. „Dort geht man einfach in ein Geschäft und kann sich jederzeit alles kaufen, was man möchte", beschwert er sich.

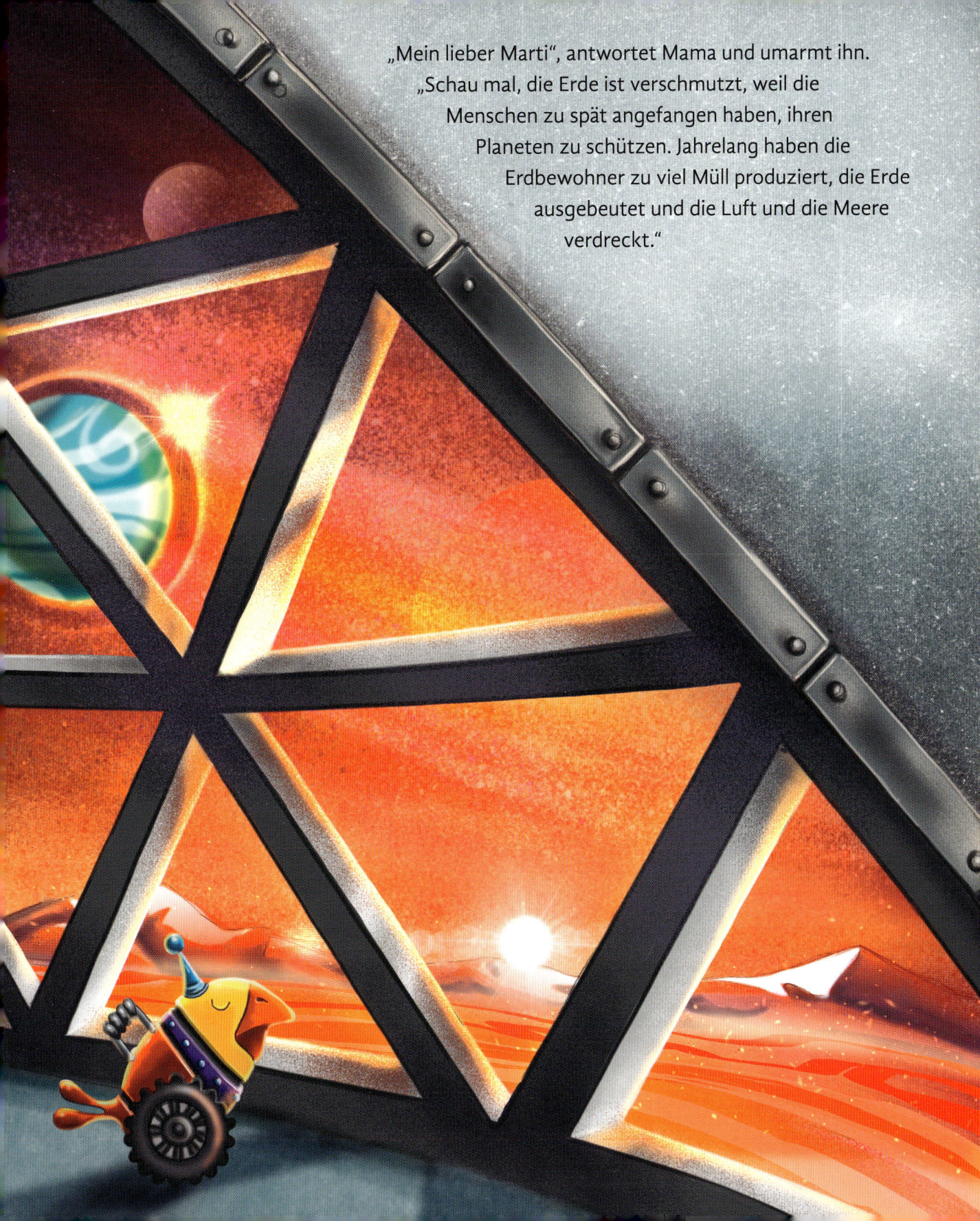

„Mein lieber Marti", antwortet Mama und umarmt ihn. „Schau mal, die Erde ist verschmutzt, weil die Menschen zu spät angefangen haben, ihren Planeten zu schützen. Jahrelang haben die Erdbewohner zu viel Müll produziert, die Erde ausgebeutet und die Luft und die Meere verdreckt."

Marti denkt noch eine Weile darüber nach, was Mama ihm über die Erde erzählt hat. Dann will er doch lieber auf dem Mars bleiben und auf seine neue Kleidung warten. „Kann ich noch zu Ann gehen?", fragt Marti, als er sich schließlich beruhigt hat. Mama nickt. Ann ist seine beste Freundin und wohnt nebenan, in der gleichen Sektion wie Martis Familie. Du musst wissen, der Mars ist in viele Bereiche aufgeteilt, die Sektionen heißen. Ann wohnt in ROTZ P1, Marti in ROTZ P2.
Aber jetzt muss er erst einmal durch die Luftschleuse und einen Raumanzug anziehen. Das Leben auf dem Mars ist spannend und anders zugleich. Es ist kälter, weil der Mars einen größeren Abstand zur Sonne hat als die Erde. Und ohne Raumanzug würden die Menschen, wenn sie ihre Häuser verlassen, innerhalb weniger Sekunden sterben. Die Luft würde wie mit einem Staubsauger aus ihren Lungen gezogen werden und das Blut dadurch zu kochen beginnen!
„Ufz, das Anziehen ist so anstrengend", stöhnt Marti. Aber den Außenanzug, der ihn auch vor extremer Kälte schützt, mag er sehr gerne. Das Oberteil und zwei Streifen in der Hose leuchten in seiner Lieblingsfarbe Blau, genauso wie der Helm. Der Anzug fühlt sich sehr leicht an, sieht total cool aus und ist überhaupt nicht eng.

Marti gleitet federleicht über den roten Sand, obwohl er sich wie ein **robot** fühlt mit dem Fischglas auf dem Kopf und den großen Stiefeln an den Füßen. Ann erwartet ihn schon in grün leuchtender Kleidung. Ihr Raumanzug hat auch ein Licht. „Hallo Marti, hast du Lust mit mir die Eiswasserseen zu besuchen?", ruft sie ihm entgegen. „Oh ja, klar!", jubelt er. Tief in den Mars zu fahren, gefällt ihm am allerallerbesten! Die Kinder gehen langsam über den roten Marssand hinüber zu einem riesigen Fispalast.

Dort fahren sie mit einem Ablift ganz weit in den Mars hinein. „Ann, Ann, schau mal die dicken Eisplatten! Es sieht aus, als würden dort viele kleine Edelsteine miteinander fangen spielen!", ruft Marti begeistert. Das Eis hinter den dicken Glasscheiben zu sehen, ist jedes Mal ein Abenteuer für die beiden. Durch die Roboterlichter, die es anleuchten, funkelt das Eiswasser in vielen verschiedenen Farben. So entstehen immer wieder neue Muster. Ann hebt ihre Hand, um das Glitzerlicht einzufangen. „Boa, **so pretty**!", flüstert sie. „Hörst du das Eis knacken und knistern?", fragt Marti jetzt seine Freundin. Diese lauscht angestrengt den leisen Eistönen. Klar, den Klang der Kälte kann man sogar durch den Helm hören. Pling, klirr, platsch, zzzzz!

Über eine Rollbahn gelangen sie zum nächsten Ablift, der noch etwas tiefer in den Mars hineinfährt. Auf einmal sagt eine elektronische Stimme: „In 400 Metern habt ihr euer Ziel erreicht."
Die Kinder sind nicht alleine. Denn auf dem Mars werden die Ablifte von vielen **monitors** und sprechenden **robots** überwacht, sodass die Kinder sicher sind. Sogar Mama kann zu Hause sehen, wo die Kinder gerade herumspazieren. In Martis Kinderraumanzug gibt es nämlich elektronische **chips**, die eine Verbindung zu ihr herstellen können. Diese sind nicht immer eingeschaltet. Aber für Ausflüge gibt es Marti ein sicheres Gefühl, wenn Mama bei ihm ist.

.

Grrrr, peng, bumm! Ein lautes Grollen und ein Beben des Glasbodens lassen die Kinder plötzlich zusammenzucken. „Puh, hab ich mich jetzt erschrocken!", ruft Ann. Marti winkt sie zu sich heran. Ein Stück weiter hinten hat er dicke **robots** entdeckt, die sich tief in die Eisschichten bohren. Die elektronischen Werkzeuge holen das Eis zur Marsoberfläche hinauf.
In der **child area** gleich nebenan probiert Marti selbst einen Roboterarm zu bewegen. „Oh, nein, gleich fliegt alles raus! Ann, hilf mir, komm schnell!", jammert er. Als die Kinder es gemeinsam erneut versuchen, klappt es. Begeistert ruft Marti: „**Yes**, geschafft! Komm Ann, volle Kraft voraus!" Mit einer Kurbel befördern sie das Eis in einem durchsichtigen Rohr nach oben, wo es in großen Mikrowellen erhitzt wird, sodass Wasser daraus entsteht.

Wasser wiederum brauchen die Marsianer zum Leben und auch zum Bauen neuer **ice houses**, in denen sie wohnen. Und genau das probieren Ann und Marti nun aus. Sie fahren mit den Aufzügen wieder hoch zur Marsoberfläche und laufen zur **minimarsworld**. Dort gießen sie Flüssigkeit in eine Art Zwischenwand, wo sie wieder zu Eis gefriert.

„Eine solche Eiswand bietet den besten Schutz vor der gefährlichen Strahlung aus dem Weltall, Hitze und Sandstürmen", erklärt Marti seiner Freundin.
„Diese Eiswände sind toll!«, ruft Ann begeistert.
Außerdem sind *ice houses* wunderbar hell, weil viel Licht durch das Eis dringt. Und das Beste: Die Hausbewohner haben so einen wunderbaren Blick auf ihre rote Marslandschaft.

Ringedingeding, ding, ding! Aus Martis Arm ist ein Klingeln zu hören.

„Hi **mum**! Was? Oh prima! Plot ist da? Ich kann dich schlecht hören! Wir kommen zurück! Was? Ja machen wir! Bis gleich!" Mamas Freund ist zu Hause. Er ist ein lustiger Kerl, der als Weltraumpilot viel unterwegs ist.

„Plot ist da, Plot ist da, hurra, hurra", singt Marti und springt um Ann.

„Schade, dass wir schon nach Hause müssen", seufzt Ann enttäuscht. Im Eiswasserpalast hat sie die Zeit vergessen. Ihr kam diese sehr kurz vor, obwohl sie schon drei Stunden unterwegs waren.

„Übrigens müssen wir noch Tofu bei Papa abholen", erzählt Marti, als sich die Kinder auf den Weg machen.

Marti hat neben Plot natürlich auch einen leiblichen Vater. Der wohnt aber schon lange nicht mehr bei ihnen und lebt mit seinem neuen Mann zusammen. Bei ihm holt sich Marti immer die herrlichsten Tofuleckereien. Denn Martis **dad** ist **tofu maker** und stellt köstliches Essen aus Tofu her.

Aufgrund der extremen Wetterbedingungen kann nur wenig Obst und Gemüse in kleinen Gärten unter Glaskuppeln angebaut werden. Deshalb wird ein Großteil der Nahrung auf dem Mars künstlich hergestellt.

Als sie in der **tofu makery** ankommen, öffnet sich automatisch die Türe zur Luftschleuse, wo schon Papas Freund **Mister** Jona auf sie wartet.
„Hi Marti, wie geht es dir?", ruft er.
„Danke, prima! Was gibt's Neues bei euch?"
„Dein **dad** hat neue Tofukringel mit Paprika kreiert. Die solltet ihr unbedingt probieren! Besonders galaktisch schmecken sie im Salat." Ann und Marti läuft schon das Wasser im Mund zusammen!
„**Honey!** Dein Sohn ist da, bring bitte den neuen Tofu mit!", spricht **Mister** Jona in seinen Chip am Arm. Es dauert gar nicht lange, bis Martis **dad** durch die Luftschleuse flitzt. Er umarmt ihn und winkt Ann mit den neuen Kringeln in der Hand zu: „Zieht schnell eure Helme aus, dann könnt ihr schon mal ein Stück probieren!"
„Mit der Hand Tofu essen, das würde Mama nie erlauben", flüstert Marti zu Ann und grinst. Und das Beste kommt noch: Martis **dad** macht Weitwurf mit zwei Tofustücken und die Kinder dürfen sie mit dem Mund fangen! **Mister** Jona und Martis Papa machen auch mit!
„Schmeckt das lecker!", rufen beide Kinder fast gleichzeitig.

Auf dem Nachhauseweg bewundern sie das bunte Metallblumenfeld. Und - ratter, knatter, platsch - saust eine ferngesteuerte Libelle mitten in Anns Gesicht. Das kleine Insekt hat anscheinend einen defekten Sensor, sodass es die Marsianerkinder nicht erkennen und ausweichen konnte. Was für ein Schreck!
„Hast du dir weh getan?", möchte Marti besorgt wissen.
„Nein, alles ok. Ich habe mich nur ganz schlimm erschrocken", murrt Ann.
Robotertiere sind Teil der Blechnatur auf dem Mars. Grüne Wiesen und Felder wie

auf dem Planeten Erde findet man hier nicht. Dafür gibt es Hunde, Schmetterlinge, Katzen, Riesenvögel, Libellen und vieles mehr aus Metall. Überall hört man ein Klackern und Klappern. Und manchmal streikt eben die Technik.

Endlich sehen sie in der Ferne Martis **ice house**, wo Mama schon in der Luftschleuse auf die Kinder wartet.
Ihre Raumanzüge ziehen die Kinder wieder aus. Mama hat einen Hausanzug von Plot kleiner genäht und Marti probiert ihn gleich an.
**„You're the best, mum!"**, ruft er und streckt seine Arme in alle Richtungen.
„Habt ihr Lust, mir beim Ernten zu helfen?", will Plot von den Kindern wissen.
„Au ja!", rufen beide gleichzeitig.

Gemeinsam mit Plot gehen sie durch eine Röhre in die **plant area**, einem sonnigen Garten, der unter der Eiskuppel liegt. Dort ernten sie frische Kräuter, Tomaten und Salat.
„Wie toll, dass jedes **ice house** so einen herrlich duftenden Pflanzenbereich hat", findet Ann.
Zu Hause bei ihr gibt es sogar Erdbeeren, Erbsen und Mangold.

Auf dem Mars müssen sich die Bewohner mit allem selbst versorgen. Sie können nicht einfach schnell Nachschub holen oder große Mengen einkaufen. Deshalb wird selbst angepflanzt, repariert und wiederverwertet. Aus Müll basteln die Marsianer Kunststoffmöbel, der Marssand wird in den Boden der *ice houses* mit eingearbeitet und was kaputt ist, wird eben geflickt.

Wieder zurück gehen Marti und Ann erst in den **washing room** und waschen sich gründlich die Hände. Danach kochen sie gemeinsam einen Reisbrei mit Bohnen und Tofusalat. Natürlich mit **Mister** Jonas' und **dads** neuen Paprika-Tofukringeln. Den Salat bereiten Ann und Marti ganz alleine zu. Probieren ist erlaubt! Die Kinder schmatzen um die Wette. Schließlich schmeckt das Essen so galaktisch lecker!

„Zeit, schlafen zu gehen", ruft Mama, als alle mit dem Essen fertig sind.

Plot begleitet Ann nach Hause und Mama bringt Marti in seinen Schlafbereich. Dort erzählt er Mama noch von seinem aufregenden Tag mit Ann im Eispalast, den funkelnden Eismustern, den *robots*, von der *minimarsworld*, dem Besuch in der *tofu makery* und von der Libelle beim Metallblumenfeld.
„Mama, weißt du was ich gerne machen würde?", fragt Marti sie plötzlich.
Jetzt ist Mama aber neugierig.
„Einmal mit einem Raumschiff die Erde besuchen und wieder zum Mars zurückfliegen!"

# Neunmalkluges Wissen über den Mars

Da die Erde und der Mars in ständiger Bewegung sind, verändert sich auch die **Entfernung zwischen den beiden Planeten**. Sie liegt zwischen **56 und 401 Millionen Kilometern**. Alle zwei Jahre stehen Erde und Mars besonders nah zueinander. Dann bräuchte ein Raumschiff mit Menschen an Bord nach heutigem Stand etwa 15 bis 16 Monate von der Erde zum Mars. **Funknachrichten vom Mars zur Erde dauern 45 Minuten**. Die Antwort dauert dann nochmal genauso lange wieder zurück.

Der Mars ist neben der Erde der einzige Planet im Bereich der Sonne, wo Leben möglich sein könnte. Allerdings sähe das Leben dort anders aus, denn der Mars ist ganz anders beschaffen als die Erde: Der **Mars ist eine einzige trockene Wüste**. Wasser gibt es auf seiner Oberfläche keines. Forscher vermuten aber, dass es früher einmal Wasser gegeben hat. Weil es vielleicht zu warm geworden war, trockneten Seen und Flüsse aus. So ließen sich zumindest die Mulden und Steintäler erklären, die auf dem Mars zu sehen sind.

Aufgrund der **hohen Strahlung im Weltall** müssten die Menschen auf dem Mars im Freien **Raumanzüge** tragen. Zudem müssten die **Gebäude luftdicht verschlossen** sein, damit die Menschen im Inneren auch ohne Raumanzüge vor der gefährlichen Strahlung geschützt sind – sowie vor der Kälte! Denn auf dem Mars, der von der Sonne viel weiter entfernt ist als die Erde, herrschen **bitterkalte -63 Grad Celsius**. Zum Vergleich: Auf der Erde liegt die durchschnittliche Temperatur bei 14 Grad Celsius.

# So könnte das Leben auf dem Mars aussehen …

**Wasser** gibt es in Form von **Eis unter der Marsoberfläche**. Daraus könnte Raketentreibstoff, Sauerstoff zum Atmen und Trinkwasser gewonnen werden.

Die Marsianer bewegen sich in der Zukunft vielleicht **mit fliegenden Objekten** fort. Wir Menschen stellen uns diese gerne in Form von metallenen Untertassen vor.
**Kleine Roboter** würden den ganzen Tag auf der Marsoberfläche fahren, um Messungen durchzuführen.

Die Menschen könnten auf dem Mars in **Eishäusern** leben.
2018 gab es einen NASA-Wettbewerb für die Erfindung von Marsbehausungen. Das Team **„Ice House"** gewann den ersten Platz. Diese Häuser sind hell und ermöglichen den Marsianern Pflanzen zum Verzehr anzubauen. Außerdem hält Eis die schädliche Strahlung aus dem Weltall von den Menschen fern. Eine Schicht Kohlendioxid zwischen dem Wohnraum und der Eisschicht würde die Behausung im Inneren warm halten.

**Energie** könnte man auf dem Mars durch Trockeneis bekommen. Wissenschaftler arbeiten gerade an dieser Idee, den Mars mit Energie zu versorgen.

Vielleicht reisen die ersten Astronauten schon im Jahr 2030 auf den Mars. Dafür müssten sie gut vorbereitet sein und sich auch selbst mit gesunder Nahrung wie Gemüse versorgen können, um fit und gesund zu bleiben.

# Begriffserklärung

**Atmosphäre** – das ist die Luftschicht, die viele Planeten umgibt. Diese wird vom Planeten angezogen. Die Erde ist von Stickstoff und Sauerstoff umgeben, während die Atmosphäre des Mars aus Kohlendioxid besteht.

**Eiswasser** – Auch unter der Marsoberfläche ist es sehr kalt. Sollte es dort Wasser geben, wäre es gefroren, vermuten Weltraumforscher.

**Kohlendioxid** – ist eine chemische Verbindung, die für das Wachstum von Pflanzen verantwortlich ist. Auf dem Mars wird sie beim Hausbau benutzt, um die Menschen vor der Kälte zu schützen.

**Marsianer** – sind zukünftige Menschen auf dem Mars.
Als marsianisch wird alles bezeichnet, was mit dem Mars zu tun hat.

**NASA** – bedeutet National Aeronautics and Space Administration. Das ist die Weltraumbehörde der Vereinigten Staaten, die den Weltraum erforscht.

Die Europäische Weltraumorganisation heißt **ESA** (European Space Agency). Gemeinsam entwickeln die verschiedenen Länder zum Beispiel neue Technologien für die Raumfahrt oder bilden auch Astronauten aus.

**Planet** – Als Planet bezeichnet man einen großen Himmelskörper, der um die Sonne kreist und selbst nicht leuchtet. Er besteht immer aus Eis, Metall und Gas. Insgesamt gibt es acht bekannte Planeten um die Sonne: Merkur, Venus, Erde, Mars, Jupiter, Saturn, Uranus und Neptun.

**Raumanzüge** – sind im Weltall lebensnotwendig. Sie sollen leicht sein, damit man sich darin gut bewegen und arbeiten kann.

**Roter Planet** – Das Gestein und der Sand auf dem Mars enthalten Eisen. Wenn Eisen mit Sauerstoff zusammenkommt, beginnt es zu rosten und wird rot.
Auch auf der Erde gibt es rote Erdböden, die Eisen enthalten.
Zum Beispiel in Australien.

**Sonden** – sind kleine elektrische Fahrzeuge der NASA. Sie efahren die Marsoberfläche und messen die Schwingungen im Boden. So bekommen die Forscher viele Informationen ber den Aufbau des Mars.

## Über die Autorin

**Marion Klara Mazzaglia** ist Autorin zahlreicher Kinderbücher. „Marti vom Mars" ist bereits ihr drittes Sachbilderbuch, das im neunmalklug verlag erschienen ist. Neben dem Bücherschreiben ist sie Erzieherin und liebt ihre Arbeit in einem Inklusionskindergarten. Aus dem Blickwinkel der Kinder und durch deren Fragen erlebt und entdeckt sie viele spannende Dinge in der Welt. So ist auch diese galaktische Zukunftsgeschichte rund um Marti und das Leben auf dem Mars entstanden.

## Über die Illustratorin

**Bärbel Standenberg** ist Diplom-Designerin und lebt heute als freischaffende Illustratorin und Grafikerin am Niederrhein. Sie kombiniert gerne digitale Mal- und Zeichentechniken miteinander. Bei diesem Projekt hat es ihr besonderen Spaß gemacht, den kleinen und großen Robotern Leben einzuhauchen sowie sich die vielen Details auszudenken, die es am Rande der Geschichten in den Illustrationen zu entdecken gibt.